संगीत भावनाओं को प्रकट करने सबसे सशक्त माध्यम ह। ईश्वर की साधना में तो संगीत का अहम योगदान हमेशा से रहा है। इसके अलावा सभी तरह की भावनाओं के लिए अनेक तरह के गाने गीतकारों संगीतकारों द्वारा लिखे और बनाये गए हैं। आदिकाल से लेकर आधुनिक काल तक संगीत ने बहुत लम्बा सफर तय किया है। समय के अनुसार इसमें कई तरह के परिवर्तन आये हैं। परन्तु अपनी अनेक शाखाओं के बावजूद संगीत का महत्व दिनों-दिन केवल बढ़ा ही है। इस पुस्तक में बेहतरीन गीतों की सरगम लिखी गयी है। इस पुस्तक में सभी दौर के गाने शामिल किये गए हैं। प्रत्येक गाने की सरगम बहुत सरल तरीके से संगीत की पंक्तियों के साथ लिखी गयी है। प्रत्येक गाने को स्थाई अंतरा सहित पूरा लिखा गया है। प्रत्येक गाने का शुरुआती म्यूजिक अथवा अन्तरे से पहले का म्यूजिक शामिल करने की कोशिश की गयी है। गीतों की सरगम शास्त्रीय संगीत की पद्धति के अनुसार लिखी गयी है। यह पुस्तक खास तौर पर उन शिष्यों के लिए बनाई गयी है जो फ़िल्मी संगीत में रूचि रखते हैं और फ़िल्मी गीतों को अपने वाद्य पर बजने की इच्छा रखते हैं। हम उम्मीद करते हैं की आपके लिए ये पुस्तक मददगार रहेगी।

<u>सरगम को पढ़ने का तरीका</u> - सरगम में शुद्ध स्वर कोमल और तीव्र स्वर का प्रयोग इस तरीके से किया गया है की

सभी क्षेत्र के लोगों को यह सरलता से समझ आए। शुद्ध स्वरों के लिए पूर्ण शब्दों का प्रयोग किया गया है जैसे की स रे ग म प ध नि। कोमल स्वरों के लिए लेटी लकीर का प्रयोग किया गया है जैसे की रे॒ ग॒ ध॒ नि॒ इसके अलावा तीव्र स्वर माध्यम के लिए म के ऊपर खड़ी रेखा लगाई गई है, इस तरह - म॑। इसके अतिरिक्त मन्द्र सप्तक के लिए स्वर के नीचे बिंदी तथा तार सप्तक के लिए ऊपर बिंदी का प्रयोग किया गया है।

प्रत्येक गाने का स्केल सरगम शुरू करने से पहले लिखा गया है ताकि आपको गाने का 'सा' पता चल जाए। उदहारण के तौर पर अगर किसी गाने का स्केल F# दिया गया है इसका मतलब है की मध्य सप्तक का तीसरा काला उस गाने का 'स' है। इसके अतिरिक्त जिस भी स्वर के बाद ' - ' ये चिन्न लगाया गया इसका मतलब है की आपको उस स्वर पर हल्का समय ज्यादा देना है।

लेखक द्वारा - मैं हेमंत शर्मा कौशिक इस पुस्तक का रचियता उन सभी गीतकारों संगीतकारों और गायको को आभार व्यक्त करता हूँ जिन्होंने हमें ये बेहतरीन गाने दिए। गानों की सरगम आप तक पहुंचने की यह मेरी एक कोशिश है। सभी गाने मेरे द्वारा चुने गए हैं और मैं उम्मीद करता हूँ मेरा गानों का चयन आपको बेहद पसंद आएगा। किताब से जुड़ी अगर आपको कोई भी समस्या होती है या आपको मुझसे कोई बात करनी है तो आप मुझसे मेरे व्हाट्सप्प नंबर +919990180989 पर संपर्क कर सकते हैं। ये मेरी चौथी

पुस्तक है, मेरी अगली पुस्तक के लिए गानों को सुझाव आप मुझे व्हाट्सप्प नंबर पर दे सकते हैं।

मेरी अन्य पुस्तकों को आप अमेज़न या फ्लिपकार्ट से मेरा नाम "Hemant Sharma Kaushik" सर्च कर कर खरीद सकते हैं। इसके अतिरिक्त मेरी पुस्तकों की सॉफ्ट कॉपी यानी की PDF खरीदने के लिए भी आप मुझे व्हाट्सप्प कर सकते हैं।

संगीत - गायन, वादन व नृत्य के समावेश को संगीत कहते हैं। उत्सव, प्राथना, साधना जैसे अनेक अवसरों पर मनुष्य संगीत का प्रयोग करता आया है।

स्वर - जिस प्रकार भाषाओं का मूल आधार अक्षर होता है उसी प्रकार संगीत का मूल आधार स्वर होता है। भारतीय संगीत में सात स्वर माने गए हैं - षड्ज(सा), ऋषभ(रे), गांधार(गा), मध्यम(म), पंचम(प), धैवत(ध), निषाद(नि) ।

<u>शुद्ध स्वर</u> - सा रे गा म प ध नि
<u>कोमल स्वर</u> - रे॒ ग॒ ध॒ नि॒
<u>तीव्र स्वर</u> - म॑

सप्तक - सात शुद्ध स्वरों को सामूहिक रूप से सप्तक कहा जाता है। शुद्ध सा से लेकर शुद्ध नि तक एक सप्तक कहलाता है । हालाँकि एक सप्तक में 7 शुद्ध स्वर, 4 कोमल

स्वर अथवा 1 तीव्र भी होता है, अर्थात एक सप्तक में कुल 12 स्वर होते हैं ।

सप्तक तीन प्रकार के होते हैं - मन्द्र सप्तक, मध्य सप्तक, तार सप्तक

ताल - संगीत में समय पर आधारित एक निश्चित ढांचे को ताल कहा जाता है। संगीत में ताल देने के लिये तबले, मृदंग, ढोल और मँजीरे आदि का व्यवहार किया जाता है।

लय - गाना, भजन अथवा कोई रचना जिस धुन पर बजाई-गाई जाती है उसे लय कहा जाता है । दुसरे शब्दों में ताल की गति को लय कहा जाता है । लय तीन प्रकार की होती है - मध्य, द्रुत, विलम्बित ।

राग - राग भारतीय शास्त्रीय संगीत की आत्मा हैं। यह संगीत का मूलाधार है। 'राग' में कम से कम पाँच और अधिक से अधिक सात स्वरों होते हैं। हर राग का अपना एक रूप, एक व्यक्तित्व होता है जो उसमें लगने वाले स्वरों और लय पर निर्भर करता है। किसी राग की जाति इस बात से निर्धारित होती हैं कि उसमें कितने स्वर हैं। आरोह का अर्थ है चढना और अवरोह का उतरना। संगीत में स्वरों को क्रम उनकी ऊँचाई-निचाई के आधार पर तय किया गया है। सा' से ऊँची ध्वनि 'रे' की, 'रे' से ऊँची ध्वनि 'ग' की और 'नि' की ध्वनि सबसे अधिक ऊँची होती है। जिस तरह हम एक के बाद एक सीढ़ियाँ चढ़ते हुए किसी मकान की ऊपरी मंजिल तक पहुँचते हैं उसी तरह गायक सा-रे-ग-म-प-ध-नि-सां का सफर तय करते हैं। इसी को आरोह कहते हैं। इसके विपरीत ऊपर से

नीचे आने को अवरोह कहते हैं। तब स्वरों का क्रम ऊँची ध्वनि से नीची ध्वनि की ओर होता है जैसे सां-नि-ध-प-म-ग-रे-सा। आरोह-अवरोह में सातों स्वर होने पर राग 'सम्पूर्ण जाति' का कहलाता है। पाँच स्वर लगने पर राग 'औडव' और छह स्वर लगने पर 'षाडव' राग कहलाता है। यदि आरोह में सात और अवरोह में पाँच स्वर हैं तो राग 'सम्पूर्ण औडव' कहलाएगा। इस तरह कुल 9 जातियाँ तैयार हो सकती हैं जिन्हें राग की उपजातियाँ भी कहते हैं। साधारण गणित के हिसाब से देखें तो एक 'थाट' के सात स्वरों में 484 राग तैयार हो सकते हैं। लेकिन कुल मिलाकर कोई डेढ़ सौ राग ही प्रचलित हैं। किसी राग विशेष को विभिन्न तरह से गा-बजा कर उसके लक्षण दिखाये जाते है, जैसे आलाप कर के या कोई बंदिश या गीत उस राग विशेष के स्वरों के अनुशासन में रहकर गा के आदि। कुछ प्रचलित रागों का उदहारण - राग भोपाली, राग यमन, राग भीमपलासी, राग दरबारी, राग काफी, राग मालकौंस, आदि।

थाट - थाट अथवा ठाट हिन्दुस्तानी शास्त्रीय संगीत में रागों के विभाजन की पद्धति है। सप्तक के 12 स्वरों में से 7 क्रमानुसार मुख्य स्वरों के उस समुदाय को ठाट या थाट कहते हैं जिससे राग की उत्पत्ति होती है। थाट को मेल भी कहा जाता है। इसका प्रचलन पं॰ भातखंडे जी ने प्रारम्भ किया।

थाट के कुछ लक्षण माने गये हैं-
किसी भी थाट में कम से कम सात स्वरों का प्रयोग ज़रूरी है।

थाट में स्वर स्वाभाविक क्रम में रहने चाहिये। अर्थात सा के बाद रे, रे के बाद ग आदि।

थाट को गाया बजाया नहीं जाता। इससे किसी राग की रचना की जाती है जिसे गाया बजाया जाता है।

एक थाट से कई रागों की उत्पत्ति हो सकती है। आज भारतीय संगीत पद्धति में 10 ही थाट माने जाते हैं

थाटों के नाम व स्वर कुछ इस प्रकार हैं -

बिलावल थाट- सा, रे, ग, म, प, ध, नि

कल्याण थाट - सा, रे, ग, म॑, प ध, नि

खमाज थाट - सा, रे ग, म, प ध, नि॒

आसावरी थाट - सा, रे, ग॒, म, प ध॒, नि॒

काफ़ी थाट - सा, रे, ग॒, म, प, ध, नि॒

भैरवी थाट - सा, रे॒, ग॒, म, प ध॒, नि॒

भैरव थाट - सा, रे॒, ग, म, प, ध॒ नि

मारवा थाट - सा, रे॒, ग, म॑, प, ध नि

पूर्वी थाट - सा, रे॒, ग, म॑, प ध॒, नि

तोड़ी थाट - सा, रे॒, ग॒, म॑, प, ध॒, नि

<u>सूची</u>

1. <u>है अपना दिल तो आवारा</u>

Scale F#

<u>स्थाई</u>

है अपना दिल तो आवारा
प स स रे- ग-, स रे रे स नि ध

न जाने किस पे आएगा
नि प ध नि स स रे ग स रे नि स

<u>म्यूज़िक</u>
स रे गरे गरे ग - रे स ध
नि स रेस रेस रे - म ग रे स

<u>अंतरा 1</u>

हसीनों ने बुलाया, गले से भी लगाया
ग ग ग ग ग ग॒ ग, ग ग ग ग ग ग॒ ग

बोहत समझाया, यही न समझा
म म म म म ग म, ध प म म ग ग

बोहत भोला है बेचारा
प स स रे- ग-, स रे रे स नि ध

न जाने किस पे आएगा
नि प ध नि स स रे ग स रे नि स

है अपना दिल तो आवारा
प स स रे- ग-, स रे रे स नि ध

न जाने किस पे आएगा
नि प ध नि स स रे ग स रे नि स

<u>अंतरा 2</u>
अजब है दीवाना न घर न ठिकाना
ज़मीन से बेगाना फलक से जुदा
ये इक टूटा हुआ तारा
न जाने किसपे आएगा
है अपना दिल तो आवरा
न जाने किसपे आएगा

<u>अंतरा 3</u>
जमाना देखा सारा है सब का सहारा
ये दिल ही हमारा हुआ न किसीका
सफर में है ये बंज़ारा
न जाने किसपे आएगा
है अपना दिल तो आवरा
न जाने किसपे आएगा

<u>अंतरा 4</u>

हुआ जो कभी राजी तो मिला नहीं काजी
जहाँ पे लगी बाजी वहीँ पे हारा
ज़माने भर का नाकारा
न जाने किसपे आएगा
है अपना दिल तो आवरा
न जाने किसपे आएगा

2. दिल लूटने वाले जादूगर

Scale F#

<u>म्यूजिक</u>

प॒ ध॒ स - - - - -, प॒ ध॒ रे - - - - -
स रे ग - रे - ग - रे - स - - - - -

प॒ ध॒ स - - - - -, प॒ ध॒ रे - - - - -
स रे ग - रे - ग - रे - स - - - - -

<u>स्थाई</u>

दिल लूटने वाले जादूगर
स नि॒ स रे रे रे रे ग रे स रे म म ग रे स

अब मैने तुझे पहचाना है
स स स ग ग रे स नि॒ ध॒ नि॒ रे स स स स -

नज़रें तो उठा के देख ज़रा
स नि॒ स रे रे रे रे ग रे स रे म म ग रे स

तेरे सामने ये दीवाना है
स स स ग ग रे स नि॒ ध॒ नि॒ रे स स स स -

<u>अंतरा 1</u>

12

ये चाँद-सितारे देख न लें
ग ग म प प प प ध प म म ग म प प -

मेरे प्यार के नाज़ुक बंधन को
प ध प म म म म - ग रे रे ग ग म ग -

आँखों में छुपाकर रख लूँगा
ग ग म प प प प ध प म म ग म प प -

इस फूल से कोमल तन-मन को
प ध प म म म म - ग रे रे ग ग म ग -

धीरे से, धीरे से कहो ये बात पिया
स नि स रे रे, स नि स रे रे रे रे ग रे स रे म म ग रे स

जग अपना नहीं बेगाना है
स स स ग ग रे स नि ध नि रे स स स स -

नज़रें तो उठा के देख ज़रा
स नि स रे रे रे रे ग रे स रे म म ग रे स

तेरे सामने ये दीवाना है
स स स ग ग रे स नि ध नि रे स स स स -

<u>अंतरा 2</u>

अरमान था तुझको देखूं मैं
सावन की नशीली रातों में
खो जाये पिया हम तुम दोनो
इन प्यार की मीठी बातों में
तू सामने हैं तो सब कुछ हैं
वरना तो ये चमन वीराना है

म्यूजिक

ग म प - ध म प -
ग म प ध नि ध प -
ग म प - ध म प -
ग म प ध नि ध प

अंतरा 3

मैं प्यार की माला गुंधूंगी
आशाओं की कलियाँ चुन चुन के
रूठे ना कहीं मुझसे दुनियाँ
ये बात तुम्हारी सुन सुन के
अरमान भरे दिलवालों ने
दुनियाँ का कहा कब माना हैं

3. मन डोले मेरा तन डोले

Scale D#

म्यूज़िक (नागिन धुन)

रे स ग॒ स रे नि॒ स नि॒ रे स ग॒ स रे नि॒ स - (x2)
रे ग॒ प - ध॒ - प - ध॒ - प - ध॒ - प -
रे ग॒ म - प - म - प - म ग॒ रे स

रे स ग॒ स रे नि॒ स नि॒ रे स ग॒ स रे नि॒ स - (x2)
रे ग॒ प - ध॒ - प - ध॒ - प - ध॒ - प -
रे ग॒ म - प - म - प - म ग॒ रे स

म्यूज़िक

प प म ग॒, प प म ग॒
ध॒ ध॒ प प, ध॒ ध॒ प प
नि॒ नि॒ ध॒ प, नि॒ नि॒ ध॒ प
स नि॒ ध॒ प, नि॒ ध॒ प म, ध॒ प म ग॒, प म ग॒ रे, म ग॒ रे स,
ग॒ रे स नि॒ स

रे ग॒ प - ध॒ - प - ध॒ - प - ध॒ - प -
रे ग॒ म - प - म - प - म ग॒ रे स
रे स ग॒ स रे नि॒ स नि॒ रे स ग॒ स रे नि॒ स -

स्थाई

मन डोले मेरा, तन डोले मेरे
स - रे म ग - रे स, स - रे म ग - रे स

दिल का गया करार रे अब
रे ग॒ रे स रे ग॒ रे स रे - - स - नि॒ ध

कौन बजाये, बाँसुरिया
स - रे रे ग॒ - रे स, स - स स स

रे स ग॒ स रे नि॒ स नि॒ रे स ग॒ स रे नि॒ स -

मन डोले मेरा, तन डोले
मेरे दिल का गया करार रे
अब कौन बजाये, बाँसुरिया

<u>म्यूजिक</u>

रे ध॒ स - रे - म - ग - स - रे - म - ग -
स - रे - ग॒ - रे - ग॒ - रे - स -

रे ध॒ स - रे - म - ग - स - रे - म - ग -
स - रे - ग॒ - रे - ग॒ - रे - स -

<u>अंतरा 1</u>

मधुर मधुर सपनों में देखी

प प प ध ध सं, सं सं नि नि ध प ध ध नि नि,

मैंने राह नवेली
ध ध नि नि ध प नि ध प प

<u>म्यूजिक</u>

प प ध नि स -
नि ध नि -
ध प ध -
प म नि ध प

मधुर मधुर सपनों में देखी
प प प ध ध सं, सं सं नि नि ध प ध ध नि नि,

मैंने राह नवेली
ध ध नि नि ध प नि ध प प

<u>फिलर</u> - ध रे, स रे, नि स, ध नि

छोड़ चली मैं लाज का पहरा
प प प ध ध सं, सं सं नि नि ध प ध ध नि नि,

जाने कहाँ अकेली
ध ध नि नि ध प नि ध प प

चली मैं जाने कहाँ अकेली
ध पप मम गग मग रे स ग॒ रे स

<u>म्यूज़िक</u>
स - नि॒ - ध - प म प - म - ग - रे स

रस घोले धुन मुँह बोले
स - रे म ग - रे स, स - रे म ग - रे स

ठंडी पड़े फुहार रे
रे ग॒ रे स रे ग॒ रे स रे - - स - नि॒ ध

कौन बजाये, बाँसुरिया
स - रे रे ग॒ - रे स, स - स स स

रे स ग॒ स रे नि॒ स नि॒ रे स ग॒ स रे नि॒ स -

मन डोले मेरा, तन डोले
मेरे दिल का गया करार रे
अब कौन बजाये, बाँसुरिया

<u>म्यूज़िक</u>

रे ध॒ स - रे - म - ग - स - रे - म - ग -
स - रे - ग॒ - रे - ग॒ - रे - स -

रे ध़ स - रे - म - ग - स - रे - म - ग -
स - रे - ग़ - रे - ग़ - रे - स -

<u>**अंतरा 2**</u>
कदम कदम पर रंग सुनहेरा
ये किसने बिखराया
नागन का मन बस करने ये
कौन सपेरा आया
न जाने कौन सपेरा आया
पग डोले दिल यूँ बोले
तेरा होक रहा शिकार रे
कौन बजाये बाँसुरिया

4. बचपन की मोहब्बत को

Scale C#

<u>स्थाई</u>

मुझे हो........
प ध स, रे स रे स रे स

बचपन की मोहब्बत, को
स स स नि रे स ध ध ध, प ध प ध म

दिल से न जुदा करना
प ध ध प म ग स रे स स

<u>म्यूजिक</u>
ग म नि॒ प ध ग म नि स

बचपन की मोहब्बत, को
स स रे स स स रे स स स रे ग म

दिल से न जुदा करना
म म म प म ग रे स रे ग ग

जब याद मेरी आए
स स रे स रे स नि

20

मिलने की दुआ करना
नि स रे रे स रे स स स स

<u>म्यूजिक</u>

प नि स ग म, रे म प नि स
प ध प म रे
ग म प ग ग नि नि्ध ध प म ग प ध प

<u>अंतरा 1</u>

घर मेरी, उमीदों का
प प ध स स, स स रे रे ग रे स ध

सूना किये जाते हो
म मप पध निध प

होजी हो...
प ध स नि ध म प म ग

दुनिया ही मोहब्बत की
म म म प प प प ध नि ध प

लूटे लिए जाते हो
प ध धरे रे स ध नि ध प प

जो गुम दिये जाते हो
ग म प नि॒ नि॒ ध ध प प म ग प म ग

उस गम की दवा करना
स रे रे ग ग रे रे ग रे स स

बचपन की मोहब्बत, को
स स रे स स स रे स स स रे ग म

दिल से न जुदा करना
म म म प म ग रे स रे ग ग

जब याद मेरी आए
स स रे स रे स नि

मिलने की दुआ करना
नि स रे रे स रे स स स स

<u>अंतरा 2</u>
सावन में पपीहे का संगीत चुराऊँगी
फ़रियाद तुम्हे अपनी गा गा के सुनाऊँगी
आवाज़ मेरी सुन के दिल थाम लिया करना

5. <u>घर आया मेरा परदेसी</u>

Scale C#

<u>म्यूजिक</u>

ग - म - प - धनि ध - निसं नि ध प - धनि ध
- निसं नि ध प धनि ध प म पध प म ध - प म

<u>स्थाई</u>

घर आया मेरा परदेसी
प प ध प नि - ध प प ध प म ध - प मग

प्यास भुजी मेरी अँखियन की
ग म प म ध - प म म ध प म ग म प ग

<u>अंतरा 1</u>

तू मेरे मन का मोती है
नि सं रें सं गं गं रें सं सं रें रें सं नि - - -

इन नयनन की ज्योति है
नि सं रें सं गं गं रें सं सं रें रें सं नि - - -

याद है मेरे बचपन की
प - ध प नि - ध प प ध प म ध - प म

घर आया मेरा परदेसी
ग म प म ध - प म म ध प म ग म प ग

अंतरा 2
अब दिल तोड़ के मत जाना
रोटी छोड़ के मत जाना
कसम तुझे मेरे अँसुअन की
घर आया मेरा परदेसी

6. <u>मोहब्बत ऐसी धड़कन है</u>

Scale C

<u>स्थाई</u>

इस इंतेज़ार-ए-शौक को जनमों की आस है
इक शम्मा जल रही है, तो वो भी उदास है

मोहब्बत ऐसी धड़कन है
म ध सं नि ध, ग - म रे स ग ग म - -

जो समझाई नहीं जाती
म म प ग - म ध - म धसं - नि सं ध

जो समझाई नहीं जाती
म म प ग - म ध - म धनि सं निसं निसं ध - -

ज़ुबां पर, दिल की बेचैनी
म ध सं नि ध -, ग - म रे स ग - म - -

कभी लाई, नहीं जाती
म म प ग - म ध -, म धसं नि सं ध - - -

कभी लाई, नहीं जाती
म म प ग - म ध - म धनि सं निसं निसं ध - -

मोहब्बत ऐसी धड़कन है
म म प ग - म ध - म धनि सं निसं निसं ध - -

<u>अंतरा 1</u>

चले आओ, चले आओ
सं सं - सं - रें मं, सं नि् - ध सं सं - -

तक़ाज़ा है निगाहों का
नि् नि् गं् रें - नि् प - प ग - ग ध म - -

किसी की आरज़ू ऐसे
म ध सं नि ध -, ग - म रें स ग - म - -

तो ठुकराई नहीं जाती
म म प ग - म ध - म धसं - नि सं ध

तो ठुकराई नहीं जाती
म म प ग - म ध - म धनि सं निसं निसं ध - -

मोहब्बत ऐसी धड़कन है...

मेरे दिल ने बिछाए हैं, सजदे आज राहों में
जो हालत आशिक़ी की है, वो बतलाई नहीं जाती
मोहब्बत ऐसी धड़कन है...

7. <u>आएगा आएगा आनेवाला</u>

Scale E

<u>स्थाई</u>

आएगा, आएगा, आएगा

प प ग - ग म प, म ग रे - रे ग म, ग रे स - -

आएगा आने वाला

नि रे स नि ध नि प ध ध रे रे -

आएगा, आएगा, आएगा

ग म ग रे स - (x3)

<u>म्यूजिक</u>

प॒ ध॒ स ग ग ग ग॒ ग॒सं निध - - गप ध संध पम पम ग

<u>अंतरा 1</u>

दीपक बगैर कैसे

स रे रे ग ग स - रे स रे ग म म -

परवाने जल रहे हैं

म ध प ध प म ग स रे ग ग - -

दीपक बगैर कैसे

स रे रे ग ग स - रे स रे ग म म -

परवाने जल रहे हैं

म ध प ध प म ग स रे ग ग - -

कोई नहीं चलाता

प़ प़ रे रे रे - ग स रे स रे ग म - -

और तीर चल रहे हैं

म ध प ध प म ग स रे स स - -

कोई नहीं चलाता

प़ प़ रे रे रे - ग स रे स रे ग म - -

और तीर चल रहे हैं

म ध प ध प म ग स रे स स - (रे स स ग प ध नि)

तड़पेगा कोई कबतक

सं सं सं नि नि - प ध प प प म ध

बे आस बेसहारे

ध प ध प म ग - स रे ग ग

तड़पेगा कोई कबतक
सं सं सं नि नि - प ध प प प म ध

बे आस बेसहारे ए ए
ध प ध प म ग - स रे ग ग (प ध नि सं)

लेकिन ये कह रहे हैं
प॒ प॒ रे रे रे - ग स रे स रे ग म - -

दिल के मेरे इशारे
म ध प ध प म ग स रे स स -

आएगा, आएगा, आएगा
प प ग - ग म प, म ग रे - रे ग म, ग रे स - -

आएगा आने वाला
नि रे स नि ध नि प ध ध रे रे -

आएगा, आएगा, आएगा
ग म ग रे स - (x3)

<u>**अंतरा 2**</u>

भटकी हुई जवानी, मंज़िल को ढूंढ़ती है

मांझी बगैर नैया साहिल को ढूंढ़ती है

क्या जाने दिल की किश्ती कबतक लगे किनारा (x2)

लेकिन ये कह रहे हैं दिल के मेरे इशारे

आएगा आएगा आएगा...

8. <u>आजा सनम मधुर चांदनी</u>

Scale D#

<u>स्थाई</u>

आजा सनम, मधुर चांदनी में हम, तुम मिले
सं - प - प प, प म प ध॒ - ध॒ ध॒ नि॒ ध॒ प, प ध॒ प म

तो वीराने, में भी आ जाएगी बहार
ग॒ म प म ग॒ -, रे ग॒ म ग॒ रे - स स ग॒ रे स - -

झूमने लगेगा आसमान
प - प ग॒ - ग॒ रे- रे स - स प - - नि म प म नि प -

झूमने लगेगा आसमान
प - प ग॒ - ग॒ रे - रे स - स प - - - - -

कहता है दिल और मचलता है दिल
सं - प - प प, प म प ध॒ - ध॒ ध॒ नि॒ ध॒ प, प ध॒ प म

मोरे साजन ले चल मुझे तारों के पार
ग॒ म प म ग॒ -, रे ग॒ म ग॒ रे - स स ग॒ रे स - -

लगता नहीं है दिल यहाँ
प - प ग॒ - ग॒ रे- रे स - स प - - नि म प म नि प -

लगता नहीं है दिल यहाँ
प - प ग़ - ग़ रे - रे स - स प - - - - -

<u>अंतरा 1</u>

भीगी भीगी, रात में
प - सं - नि - सं रें -, सं रें ग़ं - - (रें सं नि धि)

दिल का दामन, थाम के
प - नि - धि - स - नि, धि नि धि प - (स नि धि नि प)

खोई खोई ज़िन्दगी
प - सं - नि - सं रें -, सं रें ग़ं - - (रें सं नि धि)

हर दम तेरा नाम ले
प - नि - धि - स - नि, धि नि धि प - (स नि धि नि प)

चाँद की, बहकी नज़र
नि - नि नि, नि नि नि ध नि नि सं -

कह रही है प्यार कर
धि - धि धि धि - धि प धि धि नि -

ज़िन्दगी है इक सफर
प - प प प - प म प धि - -

कौन जाने, कल किधर

म - म ग॒ ग॒ स, निध निध॒ प

सं नि सं प म प ग॒ रे ग॒ म प ध

चाँद की, बहकी नज़र

कह रही है प्यार कर

ज़िन्दगी है इक सफर

कौन जाने, कल किधर

सं - प - ग रे ग॒ म - म रे

स स स स स स

सनि॒ध॒प मग॒रेस

आजा सनम मधुर चांदनी में हम तुम मिले

तो वीराने में भी आ जाएगी बहार

झूमने लगेगा आसमान

कहता है दिल और मचलता है दिल

मोरे साजन ले चल मुझे तारों के पार

लगता नहीं है दिल यहाँ

लगता नहीं है दिल यहाँ

<u>अंतरा 2</u>

दिल ये चाहे आज तो बादल बन रुकजाऊँ मैं
दुल्हन जैसा आसमान धरती पर ले आऊं मैं
चाँद का डोला सजे धूम तारों में मचे
झूम के दुनिया कहे प्यार में दो दिल मिले
आजा सनम मधुर चांदनी में हम तुम मिले
तो वीराने में भी आजायेगी बहार
झूमने लगेगा आसमान
कहता है दिल और मचलता है दिल
मोरे साजन ले चल मुझे तारों के पार
लगता नहीं है दिल यहाँ
लगता नहीं है दिल यहाँ

9. <u>जवां है मोहब्बत</u>

Scale F#

<u>स्थाई</u>

जवां है मोहब्बत

प पध धस स सग रे -

हसीं है ज़माना

ध धस - सरे स धनि_ धनि_ धप

लुटाया है दिल ने

प पध धस स स स रेग सरे ग -

ख़ुशी का ख़ज़ाना

ग रे गमग रे स स - -

<u>अंतरा 1</u>

मोहब्बत करें, खुश रहें मुस्कुराएं

प प प - प मधप, प ग ग रेम गरे स सरे रेग -

खुश रहें मुस्कुराएं

35

ग गम रेग गरे स सरे रेग

<u>फिलर</u> - प ग म रेग स रेग

मोहब्बत करें, खुश रहें मुस्कुराएं
प प प - प मधप, प ग ग रेम गरे स सरे रेग -

खुश रहें मुस्कुराएं
ग गम रेग गरे स सरे रेग

<u>फिलर</u> - ग म पम पम गरे सरे ग -

ना सोचे हमें, क्या कहेगा ज़माना
म म म - म पप पम, ग ग रे रेग स सरे रेग

क्या कहेगा ज़माना
ग गम रे रेग स सनि ध - -

जवां है मोहब्बत हसीं है ज़माना
लुटाया है दिल ने ख़ुशी का खज़ाना

<u>**अंतरा 2**</u>

अभी तक मुझे, याद है वो कहानी
ग ग रे - ग गरे स, ध स रेग॒ रेग॒ रे स स स स

याद है, वो कहानी
ध स गरे मग॒, रे सस स स

फिलर - ध स रेग रेस रेग प गम रेग स

अभी तक मुझे, याद है वो कहानी
ग ग रे - ग गरे स, ध स रेग॒ रेग॒ रे स स स स

याद है, वो कहानी
ध स गरे मग॒, रे सस स स

फिलर - ग म पम पम गरे सरे ग - -

ना भूलेगा बचपन का रंगीन ज़माना
म म म - म पप पम, ग ग रे रेग स सरे रेग

है रंगीन ज़माना

ग गम रे रेग स सनि ध - -

<u>अंतरा 3</u>

यहाँ आँखों आँखों में, बातें हुई हैं
धस - रे ग म प ग -, रे ग सरे - स

फिलर - गम रेग स

यहाँ आँखों आँखों में, बातें हुई हैं
धस - रे ग म प ग -, रे ग सरे - स

फिलर - ग म पम पम गरे सरे ग -

किसी ने ना देखा किसी ने ना जाना
म म म - म पप पम, ग ग रे रेग स सरे रेग

किसी ने ना जाना
ग गम रे रेग स सनि ध - -

जवां है मोहब्बत हसीं है ज़माना

लुटाया है दिल ने ख़ुशी का खज़ाना

चौथे अन्तरे को पहले अन्तरे के आधार पर गायें बजाएं

<u>अंतरा 4</u>

तुम आए के बचपन मेरा लौट आया
तुम आए के बचपन मेरा लौट आया
मिला है मुझे ज़िन्दगी का बहाना
ज़िन्दगी का बहाना
जवां है मोहब्बत हसीं है ज़माना
लुटाया है दिल ने ख़ुशी का खज़ाना

10. हम प्यार में जलने वालों को

Scale F

<u>स्थाई</u>

हम प्यार में, जलने वालों को
प़ प़ ध़स ध़ स स -, गप प निध प - म॑ - प - - -

चयन कहाँ, हाए
प म॑ ग म ग - - -, रे ग रेग पम रेग रे

आराम, कहाँ
स नि सग रेग स, नि स

हम प्यार में, जलने वालों को...

<u>अंतरा 1</u>

प्रीत की अंधियारी, मंज़िलों में
गम पम गम रे स स स अ रेस नि॒, सरे सनि॒ ध़ ध़ ध़ -

चरों और सियाही
ध़म - म म - म ग म ध ध - - मप ग -

40

प्रीत की अंधियारी, मंज़िलों में
गम पम गम रे स स स अ रेस नि॒, सरे सनि॒ ध॒ ध॒ ध॒ -

चरों और सियाही
ध॒म - म म - म ग म ध ध - - ध प नि

आधी राह में ही लुट जाए
नि - नि नि - नि सं ध प प ध प म म -

इस मंज़िल का राही...
मध ध - ध - प म ध प प - - -, गम रेग -

इस मंज़िल का राही
गग गम प मरे - स नि रे स स - स -

काँटों पर चलने वालों को
प॒ प॒ ध॒स ध॒ स स -, गप प निध प - मं - प - - -

चयन कहाँ, हाय
प मं ग म ग - - -, रे ग रेग पम रेग रे

आराम, कहाँ
स नि सग रेग स, नि स

हम प्यार में जलने वालों को....

<u>**अंतरा 2**</u>

बहलाए जब दिल ना बहले तो ऐसे बहलाए
बहलाए जब दिल ना बहले तो ऐसे बहलाए
"ग़म ही तो प्यार की दौलत" ये कहकर समझाए
ये कहकर समझाए
अपना मन छलने वालों को चैन कहाँ
हाय, आराम कहाँ, हम प्यार में जलने वालों को...

11. <u>सुहाना सफर और ये</u>

Scale G#

<u>स्थाई</u>

सुहाना सफर और ये मौसम हसीं (x2)

प॒ - स - - नि - प नि॒ - - ध - म ध॒ - - ध॒ नि॒ ध॒ प - -

हमें डर है हम खो न जाएँ कहीं

स - स - - ग॒ स ग॒ प - - म - ग म - - ग॒ स नि - -

सुहाना सफर और ये मौसम हसीं....

<u>म्यूजिक</u>

प - स - - नि - प नि - - ध - म ध - - ध॒ नि॒ ध॒ प -

ग॒ रे ग॒ रे स - प॒ ध॒ नि स रे ग॒ -

ग॒ रे ग॒ रे स प॒ ध॒ नि स रे ग॒ -

प म म - म - - - - - - -

स - - ग॒ - - स - - प - -

<u>अंतरा 1</u>

ये कौन हँसता है, फूलों में छिपकर

ग ग - रे स - स ग॒ रे -, स रे स नि - स रे - - रे - -

बहार बेचैन है, किसकी धुन पर

रे रे - म रे - रे म म - प ध॒ प, ग॒ - - ग॒ - - प - -

किसकी धुन पर

ग॒ - - ग॒ - - ग॒ - -

कहीं गुन गुन, कहीं रुनझुन

प प प धप म -, म म म पम ग॒ -

की जैसे नाचे ज़मीन

ग॒ ग॒ - रे स - - स रे स नि - -

म्यूजिक

स रे ग॒ म

प - मग॒ रे - ग म - गरे स - रे

ग॒ - रेस नि - स रे -

स रे ग म

अंतरा 2

ये गोरी नदियों का चलना उछलकर

जैसे अल्हड चले पी से मिलकर

प्यारे प्यारे ये नज़ारे निसर है हर कहीं

सुहाना सफर..

म्यूज़िक

प - स - - नि - प नि - - ध - म ध् - - ध् नि ध् प - -

प - ग॒ - - स प - ग॒ - - स प - रे - - नि - ध् - - -

स - ध् - - - स - ध - - - -

प - - स - - ग॒ - - प - -

अंतरा 3

वो आसमान झुक रहा है ज़मीन पर

ये मिलान हमने देखा यहीं पर

मेरी दुनिया मेरे सपने

मिलेंगे शायद यहीं

सुहाना सफर..

12. लौट के आजा मेरे मीत

Scale D#

लौट के आ....

सं - - - प सं - - - - -

लौट के आ....

नि॒ - प म प - - - -

लौट के आ....

रे - नि॒ रे स - - - स

<u>स्थाई</u>

आ लौट के आजा मेरे मीत (x2)

स - नि॒ - नि॒ नि॒ नि॒ स रे स रे - -

तुझे मेरे गीत बुलाते हैं

रे रे - स रे सनि॒ - - नि॒ स - रे - म

<u>फिलर</u> - म रे नि॒ स

आ लौट के आजा मेरे मीत तुझे मेरे गीत बुलाते हैं

<u>फिलर</u> - म प नि॒ सं -

46

मेरा सूना पड़ा रे संगीत

सं सं नि॒ सं - सं नि॒ प प म प

<u>फिलर</u> - संनि॒ संनि॒ पम प

मेरा सूना पड़ा रे संगीत

सं सं नि॒ सं - सं नि॒ प प म प - -

तुझे मेरे गीत बुलाते हैं

प म रे स रे सनि॒ - - नि॒ स - रे - स

<u>फिलर</u> - म रे नि॒ स

आ लौट के आजा मेरे मीत..

<u>अंतरा 1</u>

बरसे गगन मेरे तरसे नयन

पसं सं - सं सं सं नि॒ रे पनि॒ नि॒ - नि॒ नि॒ नि॒

देखो तड़पे हैं मन अब तो आजा

प म मप प - प मरे रे - म म प प (मप नि॒ - - -)

शीतल पवन ये लगाए अगन

पनि नि - नि नि - नि प पनि निसं - नि प म

ओ साजन अब तो मुश्किल दिखाजा
म रे रेप प प म मरे रे स नि नि स स - -

तूने भली रे निभाई प्रीत
स सरे नि नि नि नि नि स रे स रे - -
(म - रे स - रे नि स -)

तूने भली रे निभाई प्रीत
रेम रेस नि नि नि नि स - रे स रे - -

तुझे मेरे गीत बुलाते हैं
आ लौट के आजा मेरे मीत

<u>अंतरा 2</u>
एक पल है मिलना एक पल बिछड़ना
दूनिया है दो दिन का मेला
ये घड़ी न जाए बीत
तुझे मेरे गीत बुलाते हैं
आ लौट के आजा मेरे मीत

13. <u>बचपन के दिन भी</u>

Scale F#

<u>स्थाई</u>

बचपन के दिन भी, क्या दिन थे
सरे ग रे रे स स नि॒ नि॒ ध, प - ध ध ध -

उड़ते फिरते, तितली बनके (x2)
स रे ग रे रे स स नि॒, नि॒ ध स नि स रे ध -

बचपन के दिन भी, क्या दिन थे

<u>अंतरा 1</u>

वहां फिरते थे, हम फूलों में पड़े
ग म प धप ग म, प धप ग म प धप म रे ग -

यहाँ ढूंढ़ते सब, हमें छोटे बड़े
ग म प धप ग म प धप, ग म म ध प नि॒ ध -

<u>म्यूजिक</u> - गम पनि स - - - नि॒ - - - प - मध पम ग -

वहां फिरते थे हम फूलों में पड़े
यहाँ ढूंढ़ते सब हमें छोटे बड़े

थक जाते थे, हम कलियाँ चुनते
ग म प - म रेस, नि - निस रेम ग - स नि ध -

फिलर - ग़ - - रे स नि ध -

बचपन के दिन भी, क्या दिन थे

<u>अंतरा 2</u>
कभी रोये तो आप ही हंस दिये हम
छोटी छोटी ख़ुशी छोटे छोटे वो ग़म
हाय दिन थे वो भी क्या दिन थे

14. शाम ए ग़म की कसम

Scale F

<u>स्थाई</u>

शाम ए ग़म की कसम, आज ग़मगीन हैं हम
ध - नि स - ग - ग - ग ग -, ग ग ग - म - ग रे

आ भी जा आ भी जा आज मेरे सनम
रे रे रे - प - म॑ प, गरे स स - रे - नि स

शाम ए ग़म की क़सम
ध - नि स - ग - ग - ग ग -, ग ग ग - म - ग रे

दिल परेशान है रात वीरान है
रे रे रे - प - म॑ प, गरे स स - रे - नि स

देख जा किस तरह आज तनहा हैं हम
रे रे रे - प - म॑ प, गरे स स - रे - नि स

शाम ए ग़म की कसम

<u>अंतरा 1</u>

चैन कैसा जो, पहलु में, तू ही नहीं
स नि॒ ध प ग, ग ग ग, ग म ग म

मार डाले न, दर्द ए जुदाई कहीं

15. मुझे याद करने वाले

Scale G#

<u>स्थाई</u>

मुझे याद करने वाले

प॒ प॒ ग॒ - - - म पध॒ पम ग॒ म ग॒ ग॒ - -

तेरे साथ साथ हूँ मैं

प॒ प॒ ग॒ - - - म पनि॒ पम ग॒ म ग॒ ग॒ - -

जो कभी न ख़त्म होगी

रे रे रेग॒ मग॒ म - ग॒ रे - स रेस नि॒ - - -

वो दिल की बात हूँ मैं

स नि॒ध॒ प - - - प॒ नि - रे रे स स - - -

मुझे याद करने वाले....

<u>अंतरा 1</u>

मैं जुदा भी होके तुझसे

नि॒ नि॒ स - - - रे रेग॒ म ग॒ रे स नि॒ - - -

मैं कभी जुदा नहीं हूँ
सनि रेस नि॒ - - - नि॒ नि॒ ग॒ ग॒ रे स स - - -

मैं जुदा भी होके तुझसे
मैं कभी जुदा नहीं हूँ

हूँ जनम जनम से तेरी
ग॒ प नि॒ - - - नि॒ प ग॒ प नि॒ - नि॒ - -

कोई बेवफा नहीं हूँ
नि॒ सनि॒ ध॒ - - - म ध॒ ध॒ ध॒ प प - -

नहीं हूँ
प॒ प॒ - प॒ -

मुझे याद करने वाले तेरे साथ साथ हूँ मैं

<u>अंतरा 2</u>
मेरा ग़म कभी न करना मेरे दिल में रहने वाले
मेरे प्यार ही के खातिर दुनिया नई बसाले
बसाले बसाले
मुझे याद करने वाले तेरे साथ साथ हूँ मैं

16. तुम ना जाने, किस जहाँ में

Scale D#

<u>स्थाई</u>

तुम ना जाने, किस जहाँ में, खो गए
ग - म मग गरे -, रेग रेग रे सनि ध नि, रे - स स
<u>फिलर</u> - ध प ग रे सरे ग -

तुम ना जाने, किस जहाँ में, खो गए
ग - म मग गरे -, रेग रेग रे सनि ध नि, रे - स स

हम भरी दुनिया में तनहा हो गए
प - प प प प पम धप म मम म ग रेग पम म ग रे स

तुम ना जाने, किस जहाँ में...

<u>अंतरा 1</u>

मौत भी आती नहीं, आस भी जाती नहीं
नि - नि नि नि निध ध धनि स नि स - -, स रे रे रे रे स रेप
मप म ग - -

दिल को ये क्या हो गया, शय भाति नहीं
प - म प प - धनि स ध प म -, ध - मं पं प मग रेस रे
स स - -

लूट कर मेरा जहाँ, छुप गए हो तुम कहाँ
स - नि स - स नि - स धप ध प, नि नि ध धप प ग स
पम पम ग - -

तुम कहाँ, तुम कहाँ, तुम कहाँ, आ आ आ
प - प रे - -, रे रे रे म - -, म ग म ध - - - -, पध मप
ग

<u>अंतरा 2</u>

एक जान और लाख ग़म, घुट के रह ना जाए दम
ग - ग रे रे स रेग म ग म - -, ध धप प गरे रे स सरे ग
ग ग - -

आओ तुमको देख लें, डूबती नज़रों से हम
प - म प प - धनि स ध प म -, ध - मं पमं प मग रेस रे
स स - -

लूट कर मेरा जहाँ, छुप गए हो तुम कहाँ
स - नि स - स नि - स धप ध प, नि नि ध धप प ग स
पम पम ग - -

तुम कहाँ, तुम कहाँ, तुम कहाँ, आ आ आ
प - प रे - -, रे रे रे म - -, म ग म ध - - - -, पध मप
ग

17. जीवन के सफर में

Scale F#

<u>स्थाई</u>

जीवन के सफर में राही

प म॑ प - ग रे ग रे स निं स ध - - - -

मिलते हैं बिछड़ जाने को

प प ध - निं निं स स रे ग म रे - - -

और दे जाते हैं यादें

म ग म - रे रे रे - स निं स ध - - -

तन्हाई में तड़पाने को

प म॑ प - ग रे ग रे स निं रे स (ध निं स)

<u>अंतरा 1</u>

ये रूप की दौलत वाले

स रे रे ग ग ग ग म प म प ग ग - - -

कब सुनते हैं दिल के नाले

ग ग म प प प प प प म प ध ध - - -

तकदीर न बस में डाले
प प प ग ग स स स स प प - रे - - -

इनके किस दीवाने को
प मं प - ग रे ग रे स नि रे स (ध नि स)

जीवन के सफर में राही...

अंतरा 2
जो इनकी नज़र से खेले, दुःख पाए मुसीबत झेले
जो इनकी नज़र से खेले, दुःख पाए मुसीबत झेले
फिरते हैं ये सब अलबेले, दिल लेके मुकर जाने को

अंतरा 3
दिल लेके देगा देते हैं, इक रोग लगा देते हैं
दिल लेके देगा देते हैं, इक रोग लगा देते हैं
हंस हंस के जला देते हैं ये हुस्न के परवाने को

18. चुप चुप खड़े हो

Scale F#

<u>स्थाई</u>

चुप चुप खड़े हो, ज़रूर कोई बात है
ग म म म म म म, ग रे ग ग ग ग ग ग रे
(गरे गरे गरे ग)

चुप चुप खड़े हो, ज़रूर कोई बात है

ग म म म म म म, ग रे ग ग ग ग ग ग रे

पहली मुलाकात है ये, पहली मुलाकात है (x2)

स रे स नि॒ नि॒ स स रे, रे ग॒ रे स स स स स

<u>अंतरा 1</u>

साजन की बात पर, गुस्सा जो आगया

म म म म म म म ग, म प प प प प प म

ज़ुल्फ़ों का बादल, गालों पर छा गया

प ध ध ध ध नि॒ ध प, प ध प म म प प प

59

गालों पर छा गया

प ध प म म प प प

अभी अभी दिन था अभी अभी रात है

ग म म म म म म, ग रे ग ग ग ग ग ग रे

पहली मुलाकात है ये, पहली मुलाकात है

स रे स नि नि स स रे, रे ग॒ रे स स स स स

अंतरा 2

पहली मुलाकात में बात ऐसी हो गयी

राजा भी खो गया रानी भी खो गयी

रानी भी खो गयी

दोनों को न पता चला मजे की ये बात है

पहली मुलाकात है ये, पहली मुलाकात है

19. <u>वो पास रहे या दूर</u>

Scale C#

<u>स्थाई</u>

वो पास रहें या दूर रहें
ग म प प प प प प प ध ध नि ध प म -

नज़रों में समाए रहते हैं
म ग म - प म ग रे स नि नि स ग रे ग -

इतना तो बता दे कोई हमें
ग रे ग - म ग रे - स नि नि स रे स रे

क्या प्यार इसी को कहते हैं
रे ग रे स - रे ग - म ग रे स स स स स

<u>अंतरा 2</u>

छोटी सी बात मोहब्बत की
पर वह भी कही जाती नहीं
कुछ वो शरमाए रहते हैं
कुछ हम शरमाए रहते हैं

<u>**अंतरा 3**</u>

मिलने की घड़ियाँ हैं छोटी
और रात जुदाई की लम्बी
जब सारी दुनिया सोती है
हम तारे गिनते रहते हैं

20. किस्मत बिगड़ी दुनिया बदली

Scale D#

<u>स्थाई</u>

किस्मत बिगड़ी दुनिया बदली
रे रे ग म ग स स नि नि स नि प नि स स -

फिर कौन किसी का होता है
स नि स प प प प म मप ध - म - ग रे स

ए दुनिया वालो सच तो कहो
रे रे ग म ग स स नि नि स नि प नि स स -

क्या प्यार भी झूठा होता है
स नि स प प प प म मप ध - म - ग रे स

<u>अंतरा 1</u>

तूफ़ान से किश्ती बच निकली
प म प सं सं सं सं - नि प नि सं सं सं सं -

साहिल पे पहुंच कर डूब गई

सं नि सं रें रें रें रें सं सं - सं नि रें सं नि प

भगवन तुम्हारी दुनिया में
रे रे ग म ग स स नि नि स नि प नि स स -

अंधेर ये कैसा होता है
स नि स प प प प म मप ध - म - ग रे स

अंतरा 2

जब बुरा ज़माना आता है, साया भी जुड़ा हो जाता है
वो ही दिल को ठेस लगते हैं, जो दिल को प्यार होता है

अंतरा 3

नेकी का नतीजा नेकी है, अंजाम बुराई का है बुराई
कानून यही है कुदरत का, कोई लाख कहे क्या होता है

अंतरा 4

दुनिया में वफ़ा के नाम नहीं, दुनिया में वफ़ा का काम नहीं
सब जिसको मोहब्बत कहते हैं, नादान वो धोका होता है

21. एक दिल के टुकड़े

Scale E

<u>स्थाई</u>

एक दिल के टुकड़े हज़ार हुए
म ग़ म प ध़ प प म म ग़ ग़ ग़ - रे॒ स -

कोई यहाँ गिरा कोई वहां गिरा
नि॒ ध़ नि॒ स - स स रे॒ ग़ रे॒ रे॒ स - स स-

बहते हुए आंसू रुक ना सके
म ग़ म प ध़ प प म म ग़ ग़ ग़ - रे॒ स -

कोई यहाँ गिरा कोई वहां गिरा
नि॒ ध़ नि॒ स - स स रे॒ ग़ रे॒ रे॒ स - स स-

<u>अंतरा 1</u>

जीवन के सफर में हम जिनको
म - म प प प प नि॒ नि॒ नि॒ नि॒ सं सं नि॒ सं रें॒

समझे थे हमारे साथी हैं
रें रें सं सं नि॒ नि॒ ध॒ ध॒ प प प नि॒ ध॒ प म म -

दो कदम चले फिर बिछड़ गए
म ग॒ म प ध॒ प प म म ग॒ ग॒ ग॒ - रे॒ स -

कोई यहाँ गिरा कोई वहां गिरा
नि॒ ध॒ नि॒ स - स स रे॒ ग॒ रे॒ रे॒ स - स स-

<u>**अंतरा 2**</u>
आशाओं के तिनके चुन चुनकर
सपनों का महल बनाया था
तूफ़ान में तिनके बिखर गए
कोई यहाँ गिरा कोई वहां गिरा

22. <u>तेरी दुनिया में जीने से</u>

Scale D#

<u>स्थाई</u>

तेरी दुनिया में जीने से
स नि स रे प म - रे रेरे रेरे स

तो बेहतर है के मरजाएं
प़ प़ स नि रे रे - - रे रे प म ध प - -

वही आंसू वही आहें
स नि स रे प म - रे रेरे रेरे स

जिधर देखें जहाँ जाएँ
प़ प़ स नि रे रे - - रे रे प म ध प - -

<u>अंतरा 1</u>

कोई तो ऐसा घर होता
नि नि ध ध प प ग - ग ग रे रे स रे नि -

जहाँ से प्यार मिल जाता
नि नि नि नि नि नि - सं रें नि प ध प -

वही बेगाने चेहरे हैं
स नि स रे प म - रे रेरे रेरे स

जिधर देखें जहाँ जाएँ
प़ प़ स नि रे रे - - रे रे प म ध प - -

अंतरा 2

अरे ओ आसमां वाले
बता इसमें बुरा क्या है
अरे ओ आसमां वाले
ख़ुशी के चार झोंके गर
इधर से भी गुज़र जाएँ

23. ये ज़िन्दगी उसी की है

Scale C#

<u>स्थाई</u>

ये ज़िन्दगी उसी की है
स प - ध म - प मग॒ मग॒ म प - -

जो किसी का हो गया...
नि॒ - प ध - म प - म पध संनि॒ -

प्यार ही में खो गया...
सं नि॒रें सं नि॒प म प ग॒ - ध॒ प -

ये ज़िन्दगी उसी की है...

<u>अंतरा 1</u>

ये बाहार, ये समां..
प नि॒ रें सं - -, प नि॒ रें सं - -

कह रहा है, प्यार कर
सं नि॒सं नि॒ संरें ग॒ं रें, संनि॒ नि॒रें संरें नि॒ -

किसी की आरज़ू में अपने

नि॒ नि॒ - ध नि॒ध - नि॒ पम ग॒ म प ध नि॒

दिल को बेक़रार कर

नि॒सं प प पनि॒ म म पम ग म प - -

ज़िन्दगी है बेवफा

प नि॒ नि॒ संरें गुं गुं मंगुं मं गुं सं -

आ आ आ आ आ आ आ आ आ आ आ आ आ

ग॒सं नि॒ - संनि॒ प - नि॒प मप मप ग॒म पनि॒ पनि॒ सं

ज़िन्दगी है बेवफा

प नि॒ नि॒ संरें गुं गुं मंगुं मं गुं सं - नि॒

लूट प्यार का मज़ा..

संरें - सं नि॒प म प नि॒प नि॒ प ग॒ -

ये ज़िन्दगी उसी...

<u>**अंतरा 2**</u>

धड़क रहा है, दिल तो क्या
प पनि॒ म म पम ग॒ म, पनि॒ संरें संरें नि॒ - -

दिल की धड़कनें न गिन
प सं सं रेंसं नि॒ नि॒ संरें गुं॒ रें सं - -

फिर कहाँ ये फ़ुरसतें
नि॒ - ध नि॒ - नि॒ नि॒ध नि॒ प म - -

फिर कहाँ ये रात दिन
म - म पम ग॒ म पनि॒ धसं नि॒ प - -

आ रही है ये सदा
प नि॒ नि॒ संरें गुं॒ गुं॒ मंगुं॒ मं गुं॒ सं - नि॒

मस्तियों में डूब जा
संरें - सं नि॒प म प नि॒प नि॒ प ग॒ -

ये ज़िन्दगी उसी की है...

24. सुहानी रात ढल चुकी

Scale F#

<u>स्थाई</u>

सुहानी रात, ढल चुकी
प॒ ध॒ प॒ प॒ ध॒ ध॒स - - - -, स रे सनि ध॒

फिलर - स रे सनि ध॒

ना जाने तुम, कब आओगे
ग - रे ग - स -, स रे स स - -

सुहानी रात, ढल चुकी
प॒ ध॒ प॒ प॒ ध॒ ध॒स - - - -, स रे सनि ध॒

ना जाने तुम, कब आओगे
ग - रे ग - स -, स रे स स - -

फिलर - प ध प स रेग॒ - - -

जहां की रुत, बदल चुक, ईई.....
ग ग प प ग ग ग, रे ग - स रे स रेग - - -, रे गरे स रेस

<u>फिलर</u> - ध़ स रे सनि ध़ -

ना जाने तुम, कब आओगे
ग - रे ग - स -, स रे स स - -

<u>अंतरा 1</u>

नज़ारे....., अपनी मस्तियाँ
ग ग प प ध ध सं - - - - - -, रें सं ध सं ध प - - ध ग

दिखा दिखाके, सो गए
ग ग प ग ग रे, रे स स स -

<u>फिलर</u> - प ध ग प सरेग ग - -

सितारे..... अपनी रौशनी
ग ग प प ध ध सं - - - - - -, रें सं ध सं ध प - - ध ग

लुटा लुटाके, सो गए
ग ग प ग ग रे, रे स स स -

हर एक शम्मा जल चुकी

ग ग प प ग ग ग, रे ग - स रे स रेग - - -, रे गरे स रेस

ना जाने तुम, कब आओगे
ग - रे ग - स -, स रे स स - -

अंतरा 2

तड़प रहे हैं, हम यहाँ
स स - ग रे स स, रे रे म म म - -

हाँ हाँ... हाहा हाहा हा....
प - ध - - - - - - मध पम ग - - - -

तड़प रहे हैं, हम यहाँ
ग ग ग स रे स स -, ध॒ स ध॒ प़ - - प़ -

तुम्हारे इंतज़ार में...
प प - म प - - - ग गम प म ग ग ग - सग रेस नि

तुम्हारे इंतज़ार में
रे रे - रे रे रे रे स स

<u>फ़्लूट</u> - ग प रेग॒ ग॒ ग॒रे स -

खिज़ा का रंग, आ चला है...
प॒ प॒ स नि रे - - रे, रेग - ध नि स ग - -

मौसम बहार में
ग म प म ग स रे म ग

<u>फ़्लूट</u> - ग स ध॒ ग रेस प -

खिज़ा का रंग, आ चला है...
ग म ध ध ध - - -, नि सं ध प ग ग ग ग स

मौसम-ऐ-बहार में
ध॒ - नि स - प॒ ध॒ प॒ प॒ - - - ग - ग रे

मौसम-ऐ-बहार में
रे - रे रे - रे रे स स -

<u>फ़्लूट</u> - प ध ग स रे ग॒

हवा की रुत बदल चुकी...
ग ग प प ग ग ग, रे ग - स रे स रेग - - -, रे गरे स रेस

ना जाने तुम, कब आओगे
ग - रे ग - स -, स रे स स - -

25. मेरा दिल ये पुकारे आजा

Scale C#

<u>स्थाई</u>

मेरा दिल ये पुकारे आजा
स ग॒ ग॒ प प प प - ध॒ प ग॒ प - - -

मेरे ग़म के सहारे आजा
ध॒ प म - प म ग॒ - म ग॒ रे ग॒ - - -

भीगा भीगा है समा
ग॒ रे स रे स स स -

ऐसे में तू है कहाँ
ग॒ रे स रे स स स -

मेरा दिल ये पुकारे आजा..

<u>अंतरा 1</u>

तू नहीं तो ए रुत ए हवा
प प ग॒ं - ग॒ं रें ग॒ं - मं ग॒ं रें -

क्या करूँ, क्या करूँ
नि सं रें - सं ग॒ं रें सं - - - -

तू नहीं तो ए रुत ए हवा
प प गुं - गुं रें गुं - मं गुं रें -

क्या करूँ,
नि सं रें -

दूर तुझसे मैं रह के बता
प धु सं सं नि सं रें - सं नि सं -

क्या करूँ, क्या करूँ
प धु नि - धुनि धु प - - - - -

दूर तुझसे मैं रह के बता
प धु सं सं नि सं रें - सं नि सं -

क्या करूँ, क्या करूँ
प धु नि - धुनि धु प - - - - -

सूना सूना है जहाँ
प धु नि नि धु प म -

अब जाऊँ मैं कहाँ
म प धु धु प म गु -

बस इतना मुझे समझा....

ग़ म प प म ग़ ग़प पम ग़ म रे ग़ -, रे स

भीगा भीगा....

अंतरा 2
आंधियां वो चलीं, आशियाँ लुट गया, लुट गया
आंधियां वो चलीं, आशियाँ लुट गया
प्यार का मुस्कुराता जहाँ लुट गया लुट गया
एक छोटी सी झलक मेरे मिटने तलक
ओ चाँद ओ चाँद मेरे दिखलाजा
भीगा भीगा है...

अंतरा 3
मुंह छुपा के मेरी ज़िन्दगी रो रही, रो रही
मुंह छुपा के मेरी ज़िन्दगी रो रही
दिन ढला भी नहीं नहीं शाम क्यों हो रही, हो रही
तेरी दुनिया से हम लेके चले तेरा गम
दम भर के लिए तो आजा
भीगा भीगा

26. चाँद फिर निकला मगर

Scale C#

<u>स्थाई</u>

चाँद फिर निकला
स - रे ग प ध प ध सं ध - - -

मगर तुम ना आए
ध धसं - ध - प प पध ग - - -

जला फिर मेरा दिल
ध धसं - ध सं सं रें गं रें - - - रें गं रें सं

करूँ क्या मैं हाय
सं सरें - सं ध प प धप ग - - प रे - - गरे

चाँद फिर निकला....

<u>अंतरा 1</u>

ये रात कहती है
सं सं - सं सं सं रें सं नि - -

वो दिन गए तेरे.......
सं नि ध प म प ध - -, ध नि प ध

80

ये जानता है दिल
नि नि - नि नि - सं नि ध - -

के तुम नहीं मेरे.....
नि ध प ग म म प -, नि ध सं सं

खड़ी हूँ मैं फिर भी
गं गं - गं गं - मं गं रें - -

निगाहें बिछाए
गं रें सं ध नि सं रें -

मैं क्या करूँ हाय
सं निसं निध प म प ध -

के तुम याद आए....
प प ग रे स रे ग - - -, ग प रे ग

ये चाँद फिर निकला..

अंतरा 2
सुलगते सीने में धुआं सा उठता है
लो अब चले आओ के दम घुट ता है
जला गए तनहा बहारों के साए
मैं क्या करूँ हाय के तुम याद आए
ये चाँद फिर निकला...

27. मोहब्बत तर्क़ की मैंने

<u>म्यूजिक</u>

स नि॒ रे स नि॒ प -
नि॒ स रे ग॒ रे स -

<u>स्थाई</u>

मोहब्बत तर्क़, की मैंने
स स रे नि॒ प, नि॒ स रे

गरेबान सी, लिया मैंने
ग॒ ग॒ म म प रे, रे म ग॒ रे स

ज़माने अब तो, खुश हो
स स रे नि॒ नि॒ प, प नि॒ स रे

ज़हर ये भी, पी लिया मैंने
रे रे म स रे प, प प प म नि॒ प म ग॒

ये भी पी लिया मैंने
ग॒ म म प रे रे म ग॒ रे स स

फ़्लूट - प नि॒ स रे स नि॒ प नि॒ प नि॒ स रे स
स्ट्रिंग्स - प - - प म ग प नि॒ प नि॒ प

अंतरा 1

अभी ज़िंदा, हूँ लेकिन
म म प नि सं, नि सं नि सं

सोचता रहता हूँ, ये दिल में
सं नि सं सं सं सं सं, सं नि रें सं नि॒

की अब तक, किस तमन्ना के
नि॒ नि॒ नि॒ नि॒ नि॒, नि॒ नि॒ नि॒ म प सं

सहारे जी, लिया मैंने
नि॒ नि॒ प प प, प प म नि॒ प म ग॒

मोहब्बत तर्क़ की मैंने...

स्ट्रिंग्स
प नि॒ स ग॒ म ग॒ प -
प नि॒ प म रे -

प म रे स स रे म रे स प नि॒ स रे
रे म रे प

अंतरा 2

तुझे अपना नहीं, सकता मगर
प प म नि॒ प प प रे, म म प प प नि॒

इतना भी क्या कम है
म प नि प नि रें रें सं

की कुछ घड़ियाँ, तेरे ख्वाबों
सं सं नि सं नि॒ रें सं, नि नि प म प सं

में होकर जी, लिया मैंने
ग॒ म म प रे, रे म ग॒ रे स स

मोहब्बत तर्क़ की मैंने...

अंतरा 3

बस अब तो मेरे दामन

प प नि सं नि रें रें रें रें रें

छोड़ दो, बेकार उम्मीदों
ग॒ं मं रें सं, सं सं नि सं नि सं रें नि॒

बोहत दुःख, सेह लिया मैंने
नि॒ नि॒ नि॒ नि॒, नि॒ नि॒ नि॒ प म प सं

बोहत दिन, जी लिया मैंने
प प प प, प प प म नि॒ प म ग

मोहब्बत तर्क़ की मैंने...

Scale F

<u>स्थाई</u>

डगा डगा वई वई वई (x2)
स स ग॒ म प प म म

हो गयी तुमसे, उल्फत होगयी
ग॒ म प ध॒ प म, ध॒ म प ग॒ म ग॒ रे॒ स

<u>अंतरा 1</u>

यूँ ही राहों में, खड़े हैं
प प प ध नि॒ ध, नि॒ ध नि॒

तेरा क्या लेते हैं
नि॒ ध ध प म प ध ध

देख लेते हैं जलन
नि॒ ध प प प प प

दिल की बुझा लेते हैं

रे म म प ध प म म म

आए हैं दूर से हम
ध ध नि ध प प

तेरे मिलने को सनम
प प प ध प म म

चकुनम चकुनम चकुनम
ध ध ध प प प म म म

डगा डगा वई वई वई...

अंतरा 2
जान जलती है नज़र ऐसे चुराया न करो
हम गरीबों के दुखी दिल को चुराया न करो
आए थे दूर से हम तेरे मिलने को सनम
चकुनम चकुनम चकुनम
डगा डगा वाई वाई वाई...

अंतरा 3
हम करीब आते हैं तुम और जुड़ा होते हो

तो चले जाते हैं काहे को खफा होते हो

अब नहीं आएंगे हम तेरे मिलने को सनम

चकुनम चकुनम चकुनम

डगा डगा वाई वाई वाई...

29. कान्हा बजाये बाँसुरिया

Scale E

<u>स्थाई</u>

कान्हा बजाये बाँसुरिया
ध॒ ध॒ स स स रे ग म म म

और ग्वाले बजाये मंजीरे
म म ग ग स स रे ग रे रे

हो गोपियाँ नाचे छुमक छुम
ध॒ - स स रे - रे ग रे रे स - स -

कान्हा बजाये बाँसुरिया
और ग्वाले बजाये मंजीरे
हो गोपियाँ नाचे छुमक छुम

<u>अंतरा 1</u>

गोरे गोरे हाथों में, कंगना खनके
ग प ध ध ध ध ध, प ध प म प ध ध

कंगना खनके हो कंगना खनके
ग प ध ध ध ध ध, प ध प म प ध ध

चंचल पांवों में देखो, पैजनिया छनके
नि नि नि ध नि ध प, प ध प म ग प प

पैजनिया छनके हो पैजनिया छनके
नि नि नि ध नि ध प, प ध प म ग प प

ढोलक धमक बोले, झाझ भी झमक बोले
म म म रे म म म, म म म रे म म म

धूम मची है, धूम मची है
ध नि स नि ध म, ध नि स नि ध म

जमना तीरे
म म ग म

हो गोपियाँ नाचे छुमक छुम
स स स रे - ग रे ग रे स - स -

कान्हा बजाये बाँसुरिया...

<u>अंतरा 2</u>

न तन का ध्यान रे
स रे ग म प म ध ध

न मन का ध्यान रे

ध प ध म म म म

न तन का ध्यान रे
न मन का ध्यान रे

आज सभी सुंदरियाँ, भूली है भान रे
स रे ग म प म ध ध, ध प ध म म म म

सखियों के संग संग ठनक रही है मृदंग
ग प ध ध ध ध ध, प ध प म प ध ध

पुलकित है अंग अंग मन में उछलते तरंग
ग प ध ध ध ध ध, प ध प म प ध ध

झूम झूम कामिनियाँ, ऐसी है बावली
नि नि नि नि नि नि नि, ध ध ध ध प म ध

बालों की लत उलझी रे
प नि ध प म ध ध म ग ग

हो गोपियाँ नाचे छुमक छुम
कान्हा बजाये बाँसुरिया और ग्वाले बजाये मंजीरे

<u>**अंतरा 3**</u>
छाये वृन्दावन में आज अजब रंग है...

30. मेरे मन का बावरा पंछी

<u>स्थाई</u>

मेरे मन का बावरा पंछी
स रे ग प प प प ध सं प ध ध

क्यों बार बार डोले
ध प प ग ग ग रे रे स रे रे ग

सपनों में आज किसका
ग म ग रे रे रे ग स रे रे स

रह रह के प्यार डोले
स रे ग प प ध सं ध प ध प ग रे

मेरे मन का बावरा पंछी...

<u>अंतरा 1</u>

किस के ख्याल में ये, नज़रें झुकी झुकी हैं
सं सं सं सं नि रें सं नि ध ध, ध ध प प ध सं नि ध प प

देखो इधर भी लब पर, आहें रुकी रुकी हैं
प प प प म प ध प, प ग रे स रे ग प ध नि ध

तुम हो करार जिस दिल का
ग ग रे ग रे ग रे ग रे स

यही बेकरार डोले
स रे ग प ध सं ध प ध प ग रे

मेरे मन का....

अंतरा 2

दिल की लगन है उसकी मीठी नज़र है जिसकी
हम पास हैं तुम्हारे फिर दिल में याद है किसकी
तुम जो नज़र मिलाओ दिल में बहार डोले

अंतरा 3

कबसे खड़े हुए हैं कह दो तो लौट जाएँ
तुम्हे दूर से ही देखें हरगिज़ ना पास आएं
आँखों में ज़िन्दगी भर तक तेरा इंतज़ार डोले

31. हमें तो लूट लिया मिलके

Scale F#

<u>स्थाई</u>

हमें तो लूट लिया
नि॒ नि॒ - नि॒ नि॒ स स स स -

मिलके हुस्न वालों ने
स - रे स स रे स नि॒ स रे रे -

काले काले बालों ने
रे प प म म रे रे स स नि॒

गोर गोर गालों ने
नि॒ स रे स स - स - स -

<u>अंतरा 1</u>

नज़र में शोखियाँ और
रे रे म म म प प प प प

बचपना शरारत में
प प ध प म म म म म प प -

अदाएं देख के हम

म म - म ग - ग रे रे -

फस गए मोहब्बत में
स नि नि स रे रे स स स स स -

हम अपनी जान से जाएंगे
नि नि नि नि नि स स रे रे - स नि नि

जिनकी उल्फत में
स रे रे स - स स स -

यकीन है के ना आयेंगे
नि नि - नि नि स स रे रे - स नि नि

वो ही मैयत में
स रे रे स - स स स -

खुदा सवाल करेगा
ध ध - नि सं ध ध प प - म -

अगर क़यामत में
प रे - म म प प प प -

तो हम भी कह देंगे
प प म प ध प म ग

हम लुट गए शराफत में
रे रे रे रे रे रे - ग॒ म ग॒ रे स स -

हमें तो लूट लिया....

अंतरा 2
वहीं वहीं पे क़यामत हो वो जिधर जाएँ
झुकी झुकी हुई नज़रों से काम कर जाएँ
तड़पता छोड़ दे रास्ते में और गुज़र जाएँ
सितम तो ये है के दिल लें और मुकर जाएँ
समझ में कुछ नहीं आता के हम किधर जाएँ
यही इरादा है ये कहके हम तो मर जाएँ
हमें तो लुट लिया....

अंतरा 3
वफ़ा के नाम पे मारा है बेवफाओं ने
के दम भी हमको ना लेने दिया जफ़ाओं ने
खुदा भुला दिया इन हुस्न के खुदाओं ने
मिटा के छोड़ दिया इश्क़ की खताओं ने
उड़ाए होश कभी जुल्फ की घटाओं ने
ख़याले नाज ने लूटा कभी अदाओं ने
हमें तो लूट लिया....

32. रुक जा ओ जाने वाली रुकजा

Scale D#

<u>स्थाई</u>

रुक जा ओ जाने वाली रुकजा

स प प प प प प ग॒ ग॒ म म - ग॒ रे स -

मैं तो रही तेरी मंज़िल का

स रे रे रे रे ग॒ म रे ग॒ ग॒ ग॒ - -

नज़रों में तेरी मैं बुरा सही

स प प प प प प ग॒ ग॒ म म - ग॒ रे स -

आदमी बुरा नहीं मैं दिल का

स रे रे रे रे ग॒ म रे ग॒ ग॒ ग॒ - -

<u>अंतरा 1</u>

बरसों से मेरे कई

प ध नि॒ - नि॒ ध नि॒ प ध नि॒ - - -

सपनों की तू रानी है

नि॒ ध नि॒ सं सं नि॒ ध॒ प म म प ध॒ प म - -

अब तक ना मिले लेकिन
म प ध॒ ध॒ ध॒ प ध म प - ध॒ - -

पहचान पुरानी है
ध॒ सं नि॒ - नि॒ ध प ग॒ म ग॒ ग॒ - - - रेग॒ रेस

रुक जा ओ जाने वाली रुकजा
स प प प प प प ग॒ ग॒ म म - ग॒ रे स -

मैं तो रही तेरी मंज़िल का
स रे रे रे रे ग॒ म रे ग॒ ग॒ ग॒ - -

<u>अंतरा 2</u>

देखा भी नहीं तुझको
सूरत भी ना पहचानी
तू आ के चली छम से
ज्यूँ धुप के दिन पानी
रुक जा ओ जाने वाली रुकजा
मैं तो रही तेरी मंज़िल का

<u>**अंतरा 3**</u>

ओ थाम के तू मुझको
बाहों को सहारे दे
दुनिया जिसे जाती है
उस गीत को सहारे ले
रुक जा ओ जाने वाली रुकजा
मैं तो रही तेरी मंज़िल का

33. ओ दूर के मुसाफिर

Scale F#

<u>स्थाई</u>

ओ दूर के मुसाफिर
स म म - म म - ग रे स रे म म - -

हमको भी साथ ले ले रे
म - प - ध प - म ग - ग रे स रे स

<u>अंतरा 1</u>

तूने वो दे दिया ग़म
ध - ध - ध ध - ध ध प प नि ध ध प प म

बेमौत मर गए हम
म - प - ध प म म म प म प ध - -

जी उठ गया जहाँ से
सं - सं सं सं सं - सं सं नि सं ध ध - -

ले चल हमें यहाँ से
ध - ध नि ध प म म म प म म ध - -

ले चल हमें यहाँ से

म - प - ध प - म गरे स रे स स - -

<u>**अंतरा 2**</u>

सूनी हैं दिल की राहें

खामोश है फ़िज़ाएं

उठने को है जनाज़ा

चारो तरफ लगे हैं

बर्बादियों के मेले रे

हमको भी साथ ले ले

हम रह गए अकेले

ओ दूर के मुसाफिर...

Thank you.